GABRIELLE INTÉGRALE

Gaétan Tremblay

Aussi du même auteur :

GABRIELLE INTEGRAL
(Version anglaise)

VISION DU MONDE 5.0
Une Réponse à notre Quête de Sens
La prochaine Étape évolutionnaire pour l'Occident et l'Amérique

WORLDVIEW 5.0
An Answer to our Quest for Meaning
The Next Evolutionary Step for the West and America

Gaétan Tremblay
Gabrielle Intégrale

Éditions INTACT (Gaétan Tremblay)
Longueuil, Québec, Canada.

ISBN: 9782981498700
Dépôt légal - Bibliothèque et Archives nationales du Québec et Bibliothèque et Archives Canada, 2014.

À

Irene, Gaétan et Ian

Sommaire

Un Songe lumineux

L'ombre de la nuit se répand lentement dans les rues de mon voisinage. Elle illumine de nombreux foyers sur son passage. Une bougie sur ma table de chevet salue cette arrivée d'un repos imminent. Sa flamme agitée par une brise d'été crée des silhouettes animées sur les murs de ma chambre.

Allongé sur mon lit, je laisse ce théâtre improvisé distraire mes pensées et diluer la réalité de la journée.

Détendu, mes paupières s'abaissent comme un lourd rideau. Le moulin de mes pensées ralentit pour s'arrêter dans l'au-delà d'un quotidien qui n'est plus alors qu'un souvenir parmi tant d'autres.

Me voilà déambulant de nouveau à travers le brouillard de mon sommeil et sur les plateaux inconnus de nouveaux songes.

Que me servira le jeu des souvenirs entremêlés de mon inconscient et des projections de mon imagination en liberté?

Un paysage daliesque éclaire bientôt mon sommeil. Près d'un amas écroulé de tablettes griffées, une silhouette angélique illumine ce tableau de sa lumière féérique. Mes pas cheminent vers cet être lumineux éveillant en moi quelques souvenirs nébuleux. Je distingue de grands yeux sur le visage de l'inconnu. Attiré par son regard d'immensité, j'entre dans l'aura de sa lumière englobante.

Une voix pénétrante comme un vent du large remuant les sables désabusés de plages abandonnées s'envole de ses lèvres cuivrées :

– Me reconnaissez vous?

– Vous me semblez familier...

– Mon nom est Gabriel.

De nombreux tableaux d'histoires inculquées se croisent dans mes pensées pour se résoudre en l'image de Gabriel, le messager. J'enchaîne aussitôt :

– Êtes-vous Gabriel, le messager?

Un silence m'inspire à poursuivre.

– Que me vaut l'honneur de vous rencontrer?

Il me répond d'une voix semblant libérée d'une retenue quelque peu obligée.

– Je suis Gabriel annonçant le retour de l'intégrité du monde.

Gabriel brille alors d'une telle intensité que j'en suis aveuglé.

Je me réveille soudainement dans la lumière d'un nouveau jour. Un manuscrit non titré semble écraser de son poids ma table de chevet. J'avoue que mon dernier manuscrit est lourd, lourd de son sujet, une vision du monde avec un boulet enchaîné à ses pieds. Tout considéré toutefois, mon manuscrit me semble plutôt léger, léger comme une simple clef.

Le souvenir de mon rêve vivifie le théâtre de mes pensées. Une foule de points d'interrogation et d'exclamation excite mes neurones avivés. Le Gabriel de mon rêve m'invite-t-il à un dépassement de visions du monde réductrices de la réalité? M'incite-t-il à voyager au pays d'une plénitude du monde retrouvée? Gabriel est-il mon compagnon de voyage?

Mon manuscrit s'élève soudainement au-dessus de son centre de gravité, allégé du poids d'être non titré. Je l'attrape dans son envolée. Le prénom de Gabriel et plus encore figure maintenant sur sa couverture enjolivée.

La Longue-Vue de l'Occident

Comment approcher la vision du monde de l'Occident? En débutant avec les mythes du commencement? Une fluctuation de type big bang d'un champ ou d'un potentiel quantique? L'univers? La Terre? La vie? L'humanité? Le but de l'existence? J'ai presque envie de mettre ma tablette dans sa pochette et de m'offrir un tour du monde en vélo et en canot.

Bon, une vision du monde concerne d'abord le monde et une ou des personnes le contemplant. La condition humaine étant ce qu'elle est, nous voyons d'abord le monde selon les paramètres culturels avec lesquels nos yeux se sont ajustés via l'apprentissage. Nous affirmons ensuite notre personnalité et décidons parfois d'éclairer nos cerveaux avec une lumière nouvelle.

Dans cette optique, une rengaine dépassée risque de fausser toute discussion des approches du monde. Elle détonne comme suit : « Les visions du monde sont culturellement et individuellement subjectives... Celle de l'un vaut tout aussi bien que celle de l'autre... Personne ne peut prétendre à la vérité... Il n'y a pas de vérité... »

J'imagine une foule se bousculant au haut de l'escalier en tirebouchon d'une tour de Babel. Il y règne une confusion générale. Des individus essaient de communiquer entre eux en démolissant systématiquement leurs propos mutuels. Ils parlent cependant tous un langage commun, celui du relativisme et de la déconstruction. Le relativisme suggère que toute vérité est subjective puisqu'elle est énoncée par une personne ou un groupe comportant des expériences particulières dans un contexte culturel précis.

L'idéologie de la déconstruction, souvent sous l'influence du relativisme, s'affaire à démanteler toute thèse avancée juste pour le plaisir d'un tel exercice. L'innovation idéologique et la formulation de nouveaux projets de société s'avèrent conséquemment difficiles. Surtout si on y ajoute l'influence de l'individualisme gardant toujours ses distances avec tout projet sociétal, trop préoccupé qu'il est à se regarder dans un miroir.

Il est vrai que personne ne détiendra jamais la vérité entière. Un fait demeure toutefois. La vérité se construit au fil du temps, même si elle ne sera jamais exhaustive. Mentionnons la fin des Inquisitions, le siècle des Lumières et tout le progrès scientifique, social et culturel accumulé depuis.

D'autres exemples sont la reconnaissance progressive des universaux que sont le respect de la dignité humaine, la liberté, la justice sociale et la solidarité. Ces universaux transcenderont un jour toutes les nations, leurs cultures et leurs histoires comme les mathématiques transcendent les cultures et ne sont pas négociables.

Je redescends allègrement l'escalier en spirale de cette tour de Babel, des cultures circulaires, et m'en éloigne le plus vite possible. Marchant le long d'un rivage, un objet pointant sur le sol attire mon attention. Il s'agit d'une longue-vue avec le mot

« Occident » gravé sur sa partie métallique. Ses lentilles me semblent plutôt nuageuses, sans doute à cause du passage du temps. Je la mets dans mon sac.

Arrivé à la maison, je démonte cette longue-vue, curieux de voir les impressions lumineuses que ses lentilles ont absorbées avec le passage du temps.

J'ai à peine enlevé les lentilles que s'échappe une série d'images : la moitié d'un champ de blé, un univers fragmenté, des tablettes griffées, une aile d'ange, des neurones surchauffés et un néant mal dans sa peau d'être… un non-être.

Il était une fois dans l'Ouest un personnage d'une lucidité renversante. Celui-ci habitait une terre de fragments d'étoiles dorés unissant les bleus du ciel et de la mer. Une terre d'étoiles enjolivée de villages achalandés et d'un blanc immaculé. Le nom de ce personnage était Platon, ainsi surnommé à cause de son large front.

Platon était un grand penseur. Il a conclu que le monde et le cosmos révèlent une belle harmonie réciproque projetée par une divinité. Malgré toute la beauté sensuelle l'entourant, Platon soutenait que la connaissance véritable ne peut pas avoir pour objet le monde tangible. Ce monde étant fini et changeant, il se réduit à des illusions éphémères, selon ce philosophe.

Un mouton en chair et en os par exemple est limité dans le temps et dans l'espace puisqu'il est condamné à mourir et à disparaître un jour. L'idée pure de mouton par contre est immuable et perdure infiniment; elle sera toujours la même pour les générations à venir. Les êtres tangibles et sensibles sont des ombres des idées pures impérissables de la raison. Ces idées pures sont l'objet véritable du savoir selon Platon.

La réalité véritable réside ainsi dans la pensée de ceux qui sont conscients de ce phénomène, les initiés. Autant les initiés deviennent familiers avec les idées pures de la raison, autant ils se rapprochent de l'idée pure suprême qu'est celle de la divinité. La divinité est inatteignable, mais elle fait partie du monde comme en témoigne l'harmonie universelle et sociale où toute chose et chacun occupent la place qui leur reviennent.

Ce courant de pensée réduit le monde matériel et corporel associé à l'illusion, à la finitude, au changement et au temporel. La vérité, l'infinitude, l'immuabilité et l'intemporel relèvent des idées pures et de la divinité. Bref, l'approche platonicienne fragmente le monde entre l'ordre matériel, les idées pures de la raison et le divin dans un mouvement d'introversion visionnaire.

Les philosophies de Platon et de ses grands adeptes que sont Plotin, Saint Augustin et Saint Thomas d'Aquin ont défini les fondations de la doctrine chrétienne. Le christianisme ne se contente pas d'une fragmentation du monde. Il le sépare explicitement. La raison et le divin basculent dans un royaume ésotérique précédant toute existence. Si notre raison concilie difficilement l'existence hors de l'existence, il suffit de s'en remettre à la foi.

D'un côté il y a ainsi un royaume divin, patriarcal, intemporel, immuable et infini situé en dehors de l'existence spatiotemporelle. De l'autre, il existe un monde déchu à cause d'Ève, patriarcal, temporel, changeant et fini. Bref, la spiritualité est séparée et opposée à la matérialité universelle et terrestre. Parmi cette matérialité, seule la raison humaine éclairée ou initiée peut prétendre frôler la spiritualité divine et en être la porte-parole.

L'humanité ou plutôt l'homme a ainsi le loisir de se séparer statutairement de tout ce qui vit sur la Terre, dans la mer et le ciel, dominant et s'appropriant le tout, incluant la femme déclarée responsable de ce monde désormais dépourvu de sa spiritualité. Amen!

Le ciel gronde, s'assombrit et devient menaçant. Je ferme mes fenêtres. Les pièces de la longue-vue Occident éparpillées sur ma table dessinent une silhouette ressemblant à un point d'interrogation. Je m'interroge.

L'Occident peut-il encore privilégier une telle approche du monde? Le spirituel est-il vraiment absent du monde? A-t-on légitimé des pyramides de pouvoir patriarcal terrestre absolu en les chapeautant par un triangle (père-fils-Saint-Esprit) de pouvoir patriarcal céleste absolu? Je rassemble les pièces de la longue-vue, les mets dans une petite boîte scellée et place le tout sur une tablette de ma bibliothèque.

Le ciel s'éclaircit soudainement. J'ouvre de nouveau mes fenêtres à leur pleine grandeur, respire une grande bouffée d'air frais, enfile mes souliers et commence un nouveau tour du monde de mon quartier.

Une Lentille retrouvée

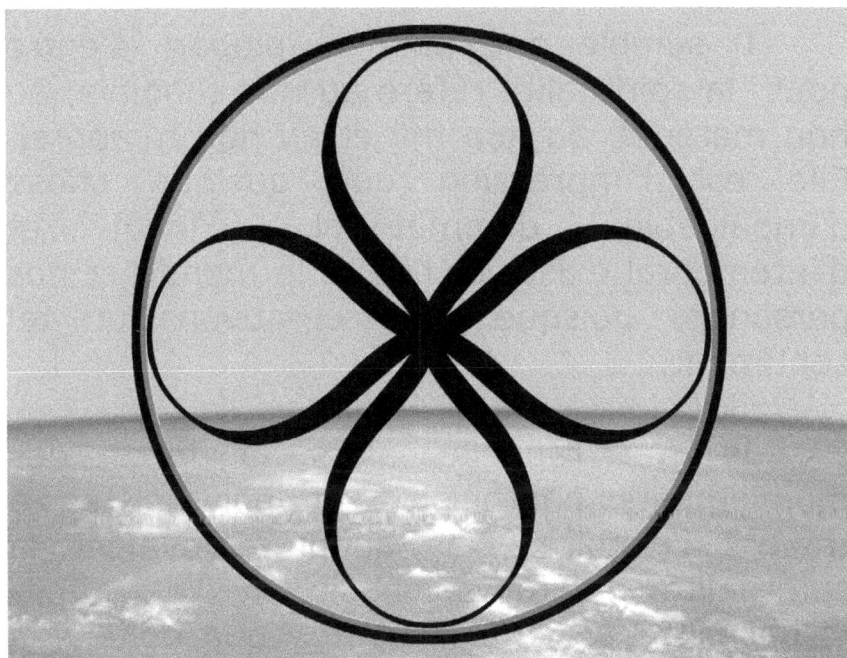

Je décide de mettre de côté la mainmise autoproclamée des monothéismes sur la spiritualité pour laisser libre cours à mes pensées.

Il semble que pour la plupart d'entre nous, la spiritualité réfère au non tangible, au non matériel, au non fini et au non temporel. Elle est l'impression que quelque chose d'impalpable, d'immatériel, d'infini et d'intemporel existe et habite le monde et nos personnes puisque nous éprouvons un tel sentiment.

Je me rappelle alors la force des mouvements panthéistes et polythéistes à travers l'histoire. Des adeptes voyaient la spiritualité en toute chose et d'autres la visualisait à travers la symbolique de divers dieux et déesses faisant tous partie de ce monde. Ces mouvements spirituels ne faisaient évidemment pas bon ménage avec le christianisme qui éjecte la spiritualité hors du monde pour la simplifier et la réduire en une seule puissance divine.

Les autorités politiques, toujours intéressées à une concentration accrue du pouvoir, tendaient évidemment à s'allier au christianisme dans la répression de ces mouvements spirituels.

Un corbeau effleure ma tête m'arrachant presque une mèche de cheveux. Je suis probablement venu trop près de son nid et de sa progéniture. Je poursuis mon chemin.

La spiritualité, donc, s'apparente à ce qui semble dépasser ou transcender le côté fini des choses et du temps, le côté fini des trois dimensions d'espace et de celle du temps. Elle se définit comme l'infini de ces quatre dimensions, comme l'infini du monde. Cet infini du monde n'est-il qu'une ombre d'une divinité située à l'extérieur de l'univers ou plutôt un fait de ce monde, une connaissance, mais ignorée par les discours scientifique, culturel et spirituel de nos sociétés?

Einstein a répondu gentiment à cette question. Il a fait une démonstration indirecte que l'infini est effectivement une réalité de notre monde. En stipulant que l'espace et le temps sont inséparables. Le temps se prolonge dans l'espace et l'espace se prolonge dans le temps. Ils dépassent ainsi tous les deux leurs limites en se prolongeant l'un dans l'autre. L'espace et le temps sont en continuité, d'où la notion de continuum espace-temps. Ce continuum suggère une dimension d'infini propre à la structure même de l'espace-temps.

Je m'arrête à une intersection à cause d'un feu rouge. Un pas de plus et j'aurais piétiné une grosse fourmi. L'univers fait place au monde des particules élémentaires dans ma tête.

La physique quantique s'intéresse au comportement des plus petites quantités d'énergie observable. Elle est qualifiée de quantique parce que l'énergie étudiée se manifeste sous la forme de quanta ou de bouquets de particules. Cette énergie se manifeste aussi sous la forme d'ondes. C'est pourquoi on réfère souvent à une dualité onde-particule.

Une onde-particule non sujette à l'observation scientifique se comporte comme une onde et se retrouve ici et là. Les ondes omniprésentes évoluent dans un espace global. Il n'y a pas de différence entre le ici et le là. Pour une onde, l'espace est non particularisé, non délimité et non fini ou encore l'espace est entier, un et infini. Un espace global entraîne un temps global en accord avec la continuité de l'espace et du temps.

Selon le scientifique Trinh Xuan Thuan, *"Ici" est identique à "là". L'univers est un vaste système de particules interagissant toutes les unes sur les autres. Non contente d'avoir conféré un caractère holistique au temps, la mécanique quantique la confère aussi à l'espace,...Toutes les particules dans l'Univers ...Font partie d'une même réalité globale.* [1]

L'infiniment petit et l'infiniment grand se confirment et se rejoignent l'un et l'autre via leur dimension commune d'infinitude. Comment peut-il en être autrement puisqu'ils décrivent tous deux une même réalité, même si selon des points de vue différents?

Un commentaire du peintre et poète William Blake me revient à l'esprit à l'effet que *si les portes de la perception étaient assainies, toute chose se montrerait à l'homme telle qu'elle est, infinie.* [2] Le grand mathématicien Georg Cantor soutenait pour sa part que *la peur de l'infinité est une forme de myopie détruisant la possibilité de percevoir la réalité de cet infini...* [3]

Étant nous-mêmes produits d'étoiles et de particules élémentaires, étant nous-mêmes infiniment grands et infiniment petits, nous portons tous dans le creux de nos mains, de nos cœurs et de nos neurones la dimension d'infini du réel.

Je marche le long d'un balcon. Une fillette compte des blocs multicolores. Ce faisant, elle suggère l'infini. La fillette peut compter jusqu'à dix ou pour l'éternité, il y aura toujours un nombre qui succèdera au dernier qu'elle aura mentionné.

Feu vert! Je traverse la chaussée et continue le tour de mon voisinage.

Je m'interroge sur la raison pour laquelle la science n'a pas encore annoncé l'infini comme une cinquième dimension du monde, après les trois dimensions d'espace et celle du temps. Pourquoi la vision du monde de l'Occident échoue-t-elle à intégrer la présence d'une dimension d'infini au sein du réel? Pour quelle raison l'une des fondations primordiales de toute vision du monde - la spiritualité- est-elle évacuée de ce monde?

Il est vrai que la science chérit l'étude du fini et sa prévisibilité corolaire. La science a aussi abandonné depuis longtemps la question de la spiritualité aux religions pour ne pas s'embourber dans des polémiques qui l'auraient certainement ralentie dans son avancé. Elle se gardera sans doute encore pour longtemps de tracer un signe d'équation entre l'infini du monde et la spiritualité.

Une telle équation déclencherait probablement une vague réactionnaire parmi les communautés religieuses et scientifiques. Bien plus, que dire des nombreux pouvoirs politiques légitimant leurs royaumes terrestres finis par un royaume céleste infini.

Chose certaine, les quantités infinies sont tellement fréquentes dans les calculs mathématiques que les physiciens ont tendance à les soustraire des résultats obtenus afin d'obtenir des modèles approximatifs, mais encore pratiques. Hermann Wey conclut même que les mathématiques sont effectivement la science de l'infini. De plus, le langage mathématique est celui de l'investigation scientifique et de la connaissance. Bref, l'essence même de la connaissance évolue dans les cinq dimensions que sont l'infini, les trois dimensions d'espace et celle du temps.

Dans cette perspective, le modèle de plusieurs cultures à l'effet que la science et la spiritualité sont deux domaines différents et même opposés ne tient pas la route. Ce modèle a même produit des notions telles que la *guerre des visions du monde* faisant référence à une confrontation de la spiritualité et de la science.

Il semble de plus en plus évident que de telles notions dualistes révèlent des cultures qui persistent à séparer le monde de sa spiritualité inhérente. Des cultures en conflit avec le monde et avec elles-mêmes parce que non pacifiées avec l'intégrité du réel et leur propre intégrité puisqu'elles sont de ce monde.

La spiritualité ou l'infini ne peut pas exister hors de l'existence ou dans un néant ou un vide absolu, ce qui est contradictoire. L'infini ne prend son sens qu'en étant, qu'en étant l'infini de quelque chose de fini. Sans finitude, l'infini ne peut même pas être conceptualisé et défini. L'infini n'échappe pas plus au fini que ce dernier échappe au premier. Les deux s'entrelacent et s'unissent dans leur état d'être. Essayons de comprendre un peu la nature de cette relation dans la perspective des vécus de la spiritualité et d'une nouvelle spiritualité.

Autant l'infini laisse sa trace à travers le fini, autant le fini doit marquer l'infini. Toute réalité finie, concrète ou abstraite, nos émotions, nos pensées et l'action individuelle et collective à travers le temps résonneraient ainsi à travers la dimension d'infini du réel. L'écho de cette résonance retentirait en retour à travers notre réalité terrestre.

Une telle influence réciproque des dimensions de finitude et d'infinitude suggère que l'humanité a participé à ce phénomène tout au long de l'histoire. En toute logique, d'autres espèces intelligentes à travers le cosmos ont aussi contribué à ce phénomène au cours de l'histoire universelle. Cette interaction entre le fini et l'infini anime probablement notre sentiment intime d'être relié à une infinitude ou totalité précédant notre vie et rayonnant à travers notre présent.

Si nous définissons sommairement l'intelligence comme une capacité de relier des évènements, une telle globalité ou infinité serait physiquement intelligente en ce sens qu'elle relie tous les évènements, voir la physique quantique et le continuum espace-temps.

Cette infinité serait aussi consciemment intelligente en quelque sorte. Considérons les résonances sur cette dimension d'infini des états de conscience vécus tout au long de l'histoire du monde. Ce qui est beaucoup dire, si nous considérons la possibilité, certains scientifiques diraient la probabilité, que l'univers a existé de tout temps sous une forme ou une autre. À noter que la théorie du big bang tient toujours dans un tel scénario.

La dimension d'infinitude relie toute la réalité. Elle peut ainsi sembler supérieure à la dimension de finitude. Cette supériorité apparente expliquerait une tendance à la mettre sur un piédestal et à la diviniser éventuellement. Il n'en demeure pas moins que l'infinitude n'est rien si elle est décrochée du monde ou de l'existence.

La beauté architecturale d'une église attire mon attention. Je m'y attarde un moment pour la contempler.

....

1. Trinh Xuan Thuan, Le Chaos et l'Harmonie, Gallimard, France, 1998, pages 351, 443.
2. Joseph Chilton Pearce, Spiritual Initiation and the Breakthrough of Consciousness, Park Street Press, 2003, p. 88.
3. Rudy Rucker, Infinity and the Mind, Bantam Books, New York, 1983, p. 46.

Vivre la Réalité

La spiritualité en nous ne requiert pas d'habits d'empereurs, de piédestaux d'or et d'argent ou de temples. Elle est simple et complexe comme le monde qu'elle habite, qui l'héberge et lui donne son sens.

Nous pouvons certes considérer la spiritualité en tant que tout et la révérer, mais sans la déifier en tant que telle; ceci reviendrait à la dénaturer et à réduire le monde fini. Nous pouvons la déifier si tel est notre enclin, mais seulement si nous déifions conjointement toutes les composantes du monde et l'univers, y compris nos propres personnes.

Rendre grâce à la spiritualité consiste à assumer de notre mieux sa présence, soit l'infini du monde, l'union et la solidarité de tous les êtres, l'harmonie, la paix, l'amour et l'empathie tels que proclamés par plusieurs grands prophètes. Cette expérience ne signifie pas un état accompli ou n'est pas réservée aux puristes. Elle consiste plutôt en un élan personnel constant vers un tel état d'être idéal.

On dira que les gens ont besoin d'une histoire avec un début et une fin, d'un conte et d'une idole avec lesquels ils peuvent s'identifier. Ce, pour les rassurer au plan de leur généalogie existentielle et pour répondre à leur besoin d'inspiration et d'orientation. N'est-ce pas là le succès ultime de plusieurs histoires à propos de la création, du commencement et du but de la vie?

Mais pourquoi certains contes réducteurs du monde, déprimant et culpabilisant les gens d'être ce qu'ils sont? Il faut souligner à cet effet que certains messages de grands prophètes ne sont pas nécessairement à confondre avec les versions que certains groupes en ont faites. Bref, pourquoi ne pas imaginer plutôt une histoire sans commencement ni fin, un récit en évolution permanente et centré sur un personnage immédiatement accessible et inspirant?

Cette histoire peut effectivement être sans commencement ni fin. La raison étant que le big bang est une transformation de quelque chose en quelque chose d'autre. Il ne peut pas être le résultat de la transformation d'un rien ou d'un vide en quelque chose de réel. Les scientifiques Stephen Hawking et Leonard Mlodinow soutiennent certes que l'univers a été créé à partir de rien, mais tout en affirmant que l'origine de l'univers a été un évènement quantique [4].

Un évènement ne peut pas se produire à partir de rien ou d'un vide absolu. Il doit être un évènement de quelque chose, de quelque chose donc déjà en existence. La science qualifie probablement ce quelque chose de *rien* parce qu'il n'est pas encore manifeste en termes d'énergie ou d'ondes-particules selon le point de vue des paramètres propres à notre espace-temps.

Ceci dit, l'avant big bang se doit d'être un potentiel quantique, quelle que soit sa nature exacte, potentiel quantique allouant donc des fluctuations possibles. C'est pourquoi une nouvelle histoire d'ordre spirituel peut s'ouvrir sur un passé à l'horizon infini ou ne pas avoir de commencement.

Cette histoire peut aussi ne pas avoir de fin. L'univers sera en expansion infinie ou il se contractera. Dans ce dernier cas, il y aura peut-être annihilation de l'espace-temps dans lequel nous évoluons, mais non néantisation de tout. Il y a plutôt transformation de notre réalité universelle en quelque chose d'autre. Ce quelque chose pouvant être un autre big bang.

Une telle histoire sans début ni fin et transformatrice élargit nos horizons, nous agrandit, nous énergise et nous inspire. Elle met en vedette notre propre personne rayonnant la spiritualité universelle à travers nos actions quotidiennes.

Une spiritualité personnalisée n'empêche pas les regroupements et les rituels. En autant qu'elle est respectée et que son énergie est catalysée en de telles occasions ou qu'elle n'est pas diluée ou abdiquée à la suite de la volonté de contrôle de certains.

À chacun les modalités de la mise en pratique de sa spiritualité inhérente. Gabriel le messager est un compagnon ou compagne idéal(e) pour une invitation à une spiritualité renouvelée.

Il réunit et propage en effet toutes les qualités culturellement réservées aux hommes ou aux femmes. Cette personnalité réunissante se projette dans la représentation physique de Gabriel par l'art religieux. Il a tantôt des caractéristiques plus masculines, tantôt des traits plus féminins.

En toute continuité, Gabriel ou Gabrielle est aussi le(la) messager(ère) de la totalité. Il ou elle précède en effet la particularité des trois principaux monothéismes en ce qu'il ou elle intervient auprès de chacun d'eux. Gabriel(le) s'élève ainsi au-dessus de leur division pour être un messager pour tous et chacun, la messagère d'une spiritualité commune. Gabriel(le) suggère une spiritualité universelle. *"Gabrielle"* annonce une nouvelle spiritualité, l'union ou l'infinité du monde, l'intégrité retrouvée du réel.

Elle nous rappelle ainsi la dignité de tous les êtres, de toutes les femmes et de tous les hommes. Gabrielle invoque aussi le passé religieux de plusieurs tout en pouvant transformer le présent de tous et guider l'humanité vers un nouvel horizon.

Comment nous aider à naviguer à travers les eaux souvent tumultueuses de nos responsabilités et de nos activités quotidiennes?

Ouche! Comme je déambule dans un secteur de patrimoine architectural, un bout d'une tuile d'un toit me tombe sur la tête. Est-ce le grand débat de l'éthique et de la morale demandant soudainement mon attention?

.....

4. Stephen Hawking and Leonard Mlodinow, *The Grand Design*, Bantam Books, New York, 2010, pp. 8, 131.

La Bonté

La question de l'éthique fait souvent peur par sa complexité. Et si cette lourdeur n'était qu'un épouvantail?

Tous les êtres existant sont égaux en statut en ce qu'ils partagent tous une même action d'exister, un même acte d'être. Ils sont tous statutairement libres d'être ce qu'ils sont en tant qu'ils existent tous en tant qu'êtres particuliers. Tous les êtres sont solidaires puisqu'ils partagent tous cette égalité et liberté.

Cette trilogie de la liberté, de l'égalité et de la solidarité est inhérente à l'existence humaine et à tous les êtres. Elle constitue une composante fondamentale de leur intégrité et dignité. L'existence proclame instantanément cette trilogie et est l'essence même d'une morale pratique.

Notre vécu quotidien imbu de la spiritualité universelle projette naturellement l'infinité du monde et cette morale existentielle via un respect pour toutes les formes de vie et l'humanisme. Notre vie quotidienne se fait ainsi la messagère du message de Gabrielle.

Non! On n'écrase pas les araignées... On leur montre plutôt le chemin vers l'extérieur... Et on ne brûle pas le dos des fourmis avec une loupe... On prend aussi ses distances avec le principe anthropique à l'effet que l'humanité est le but de l'existence de l'univers. Si le grand tout est tellement favorable à l'existence humaine qu'il ne peut avoir été créé que pour l'humanité, il existe alors un principe non anthropique particulier pour tout ce qui existe dans l'univers. Le principe anthropique flirte avec l'anthropocentrisme ou le narcissisme de l'espèce humaine.

La trilogie ci-haut mentionnée et résultant d'une morale existentielle a aussi la particularité d'être indissociable. On compromet la liberté si l'égalité et la solidarité sont contrariées. L'inégalité suppose des statuts et droits non communs à tous et conséquemment des libertés différentes selon les individus. Le manque de solidarité indique des inégalités statutaires et des libertés différenciées.

L'égalité est mitigée avec la contrainte et la désunion. La contrainte ou le manque de liberté suggère des rapports de supériorité et d'infériorité et un manque de solidarité évoque l'inégalité statutaire.

La solidarité est faussée par l'inégalité et la contrainte. L'inégalité compartimente par des statuts, droits et libertés non applicables à tous et à chacun. La contrainte divise en oppresseurs et opprimés.

Beaucoup de sociétés occidentales privilégient toutefois la liberté en négligeant l'égalité et la solidarité. Les résultats sont une égalité se transformant en une injustice sociale et légale grandissante; un manque de solidarité manifesté par l'individualisme, plusieurs égoïsmes syndicaux, le corporatisme et la politique intéressée; et finalement des libertés de plus en plus restreintes, au nom de la préservation de la liberté.

Une morale émane de l'existence ou du monde même. Cette morale consiste d'abord à respecter la trilogie indissociable mentionnée. Le jour où l'indissociabilité de ces trois universaux ne sera pas négociable n'est évidemment pas pour demain. Comment pouvons-nous nous aider entretemps à appliquer une telle morale?

En nous rappelant un simple guide du penseur Emmanuel Kant, un guide ne faisant appel qu'à un peu d'imagination personnelle. Il suggère que toute norme de comportement que nous adoptons soit évaluée par ses retombées possibles si elle était adoptée en tant que loi universelle.

Kant propose de simplement poser des actions envers les autres que nous aimerions qu'ils posent envers nous. Ou encore de ne pas agir contre les autres d'une façon que nous n'aimerions pas que les autres agissent contre nous. La seule évocation de cet impératif universel oriente rapidement nos pensées, paroles et actions quotidiennes dans la bonne direction.

Est-ce un retour à l'impératif chrétien? Non, car ce dernier est fondé, encadré et dirigé par une doctrine monothéiste et religieuse ayant une conception particulière de la spiritualité. L'impératif de Kant émane plutôt de la liberté individuelle et de sa responsabilité corolaire. Il s'accorde davantage avec une spiritualité inhérente au monde et aux personnes.

Il est vrai que notre conscience étant libre, elle peut être créative en regard du bien et du moins-bien. La mise en pratique d'une éthique existentielle et d'un impératif universel entraîne le bien et l'humanisme. Au contraire, nous faisons preuve d'irresponsabilité envers les autres et la nature si nous ne gérons pas notre liberté par cette éthique et cet impératif.

Réfléchissons un moment sur les valeurs véhiculées présentement par plusieurs de nos cultures. Notre instinct de conservation primaire nous dicte une survie personnelle et une reproduction génétique. Cet instinct met en branle en chacun de nous une dynamique de l'agression ou de la fuite d'une part et de la domination pour le pouvoir de la procréation d'autre part. L'individualisme, la peur, la violence, la compétition, le pouvoir et la sexualité forment ainsi un mélange primaire obtenant infailliblement l'attention de nos consciences.

Il n'est pas surprenant que ce mélange particulier de valeurs soit la principale marque de commerce de nos cultures. Ne rencontrons-nous pas ici en effet les modèles culturels chouchous de la vision du monde de l'Occident? Soient la manipulation politique et religieuse de la peur, la glorification et la mise en marché de la violence, de l'individualisme, de la compétition, du pouvoir et de tout ce qui est sexuel.

Notre défi est d'assumer, de contrôler et de sublimer notre instinct de conservation et ses valeurs. Sinon, cet instinct est abandonné aux vents normatifs de programmes omniprésents de mise en marché. Il est alors accaparé à une fin autre que la conservation individuelle et collective, soit pour le profit corporatif irresponsable.

Une attitude de laissez-faire envers notre instinct de conservation manipulé est désormais autodestructrice. L'état et la direction du monde en témoignent clairement.

L'initiative individuelle et collective est certes plus constructive que la peur. L'empathie valorise davantage que la violence. La solidarité est plus productrice pour tous et chacun que l'individualisme. La compétition bien comprise fait aussi appel à la collaboration, à la contribution et à la synergie. Le pouvoir véritable consiste à favoriser des solutions gagnant-gagnant plutôt qu'à écraser les autres. La sensualité et la sexualité peuvent être pleinement vécues pour elles-mêmes.

Passant devant un commerce d'appareils électroniques, je note un écran de télévision géant diffusant une annonce publicitaire. Elle démontre ce que nous discutons...

La pratique d'une éthique existentielle et de l'impératif universel dans la lumière d'une spiritualité incarnée comporte sans doute un autre avantage. Celui d'avoir agi avec bonté durant notre vie, d'avoir ainsi créé des empreintes positives sur la dimension d'infini et sur son écho dans le monde. Le bénéfice de nous être préparé pour une mort paisible.

Ceci dit, où commence notre respect des autres ou le respect de notre propre personne par les autres? Il débute par le respect de notre mère et père, la Terre, et de notre grande famille qu'est la biosphère.

Notre grande Famille

Il me suffit de traverser une rue pour accéder à un parc favori où je peux me reposer. J'aime son étang tout de courbes formé et sa fontaine illuminée. La nuit, elle me rappelle la forme de ma lampe de chevet. Je repère un coin invitant de verdure ensoleillée avec un banc.

La terre est notre mère et notre père. Les bébés dorlotés et les sages délaissés, les amoureux et les solitaires sont nos frères et nos sœurs. Les oiseaux fredonnant le chant d'une biosphère unique et fragile sont nos amis. Les arbres majestueux unissant les profondeurs de la Terre et du ciel sont des rappels de notre grandeur infinie.

Tous les êtres de la biosphère ayant parvenu en même temps que nous à cette ligne d'arrivée qu'est l'état actuel de l'évolution de la vie sur la Terre forment notre grande famille. Les écosystèmes constitutifs de la biosphère étant interdépendants, nous sommes effectivement tous arrivés ici et maintenant en tant que membres d'une équipe unique. Un vent de spiritualité ou d'infinité ou de solidarité souffle à travers la biosphère et gonfle les ailes de Gabrielle vivant en chacun de nous.

Le comportement global de l'espèce humaine envers la planète, la flore et la faune ne reflète pas comme il se doit cette intégrité du monde. Imaginons un concours sportif (évolution), une équipe gagnante (biodiversité actuelle) et un membre (humanité) de cette équipe s'autoproclamant seul vainqueur, ignorant non seulement la contribution de ses partenaires, mais entreprenant aussi de les anéantir. Telle est l'attitude actuelle de l'humanité envers la biosphère.

Les changements climatiques causés par l'activité humaine sont un exemple d'une attitude irrespectueuse envers notre milieu vital. Ce manque de respect nous est miroité par la multiplication exponentielle des impacts de ces changements sur le bien-être de notre espèce. L'un de ces impacts majeurs est l'acidité croissante des océans entraînant la dévastation de chaînes alimentaires vitales.

Cela me rappelle quelque chose du genre... *Ne pas agir contre les autres d'une façon que nous n'aimerions pas que les autres agissent contre nous...* Respecter la biosphère revient à respecter les générations futures et à nous respecter nous-mêmes.

Les Jeunes et les Modèles

Quel commentaire approprié, le pleur d'un bébé naissant! Il est retiré de son enveloppe maternelle, de son monde intime afin qu'il puisse venir au monde dans un autre monde. Son union complète avec sa maman est rompue, une situation créant un potentiel pour une grande anxiété et risquant de donner au bébé une première mauvaise impression du monde.

En donnant immédiatement au bébé un sentiment de sécurité, nous contribuons à son adaptation à son nouveau milieu et posons les fondations de sa socialisation.

Les jours, les mois et les premières années suivant la naissance de l'enfant sont d'une importance primordiale. L'absence des parents risque d'éveiller son anxiété. La présence d'au moins un des parents assure l'attachement et la continuité affective, ajoutant à son sentiment de sécurité personnelle et à sa socialisation.

Surtout que les relations primaires de l'enfant avec le monde doivent être vécues dans la disponibilité et l'attention particulière d'un ou de plusieurs adultes. Ceci permet aux adultes de réagir adéquatement à l'enfant qui utilise sporadiquement une agressivité naturelle pour sonder son monde environnant et se construire une identité, ce qui a pour effet de guider et de sublimer cette tendance.

Est-ce une bonne idée d'avoir son bébé ou très jeune enfant dans une garderie plus ou moins attentionnée où il ne sera toujours qu'un parmi tant d'autres?

Si la séparation du bébé de ses parents est normalisée peu après sa naissance, pourra-t-on s'étonner de certains problèmes potentiels pouvant se manifester plus tard? *...Je suis séparé de mes parents, je me sépare peut-être de mes parents, de ma famille, de* *mes camarades de classe, de l'école, des autres, de la société...*

Que dire des dépressions de plus en plus sévères et répandues chez les enfants et des troubles déficitaires de l'attention avec hyper activité (TDAH) affectant de plus en plus de jeunes? Le tout majoritairement approché d'un point de vue médical et soigné (!) à coup de millions de prescriptions de médicaments pour enfants, jeunes et adolescents. Quel tableau...

Les enfants, les jeunes et les adolescents acquièrent leurs valeurs en observant les comportements autour d'eux. Les parents, enseignants, responsables et les adultes doivent donc pratiquer ce qu'ils prêchent. Sinon, c'est la fracturation de la jeune intelligence, conceptuellement parlant. Confrontés à des attitudes parentales ou à des modèles culturels discutables, nos Emma et William risquent de souffrir de vertige identitaire et de manifester des problèmes de comportement. Des exemples de tels modèles me viennent à l'esprit.

La tendance de plusieurs médias télévisés est de réduire l'homme dans les relations de couple et de promouvoir ainsi la perspicacité de la femme. Pourquoi un tel volteface historique? Vraisemblablement à cause du pouvoir d'achat grandissant des femmes et de l'importance primordiale de leurs décisions en regard des dépenses familiales. Flatter pour profiter!

Cette tendance suggère qu'il est de mise de réduire les hommes, tout comme il était de mise auparavant de réduire les femmes? Pourquoi nos cultures profitent-t-elles par la promotion de la réduction de l'un par l'autre? Une telle promotion de l'inégalité ne divise-t-elle pas et ne sème-t-elle pas le désarroi parmi l'intelligence des jeunes en quête de repères sensés, d'une identité harmonieuse?

Que dire des images violentes diffusées par la télévision et colportées par des jeux vidéo. Elles apprêtent le cerveau à la violence, attisent la propension à la violence, élèvent notre seuil de tolérance à la violence et suggèrent un monde hostile. La responsabilité de ces phénomènes relève des adultes et des décideurs qui ne donnent pas suite à cette connaissance scientifique. Le problème de la violence chez les jeunes est celui d'un monde adulte empêtré dans les valeurs dépassées d'un instinct de conservation non assumé.

Un autre exemple de modèles culturels douteux est la glorification de la compétition. Celle-ci a certainement sa place dans le monde, mais elle devient problématique lorsqu'elle est transformée en système d'exploitation des cultures.

Nous avons tous été témoins de compétitions sportives entre jeunes, parrainées par des adultes et débouchant sur des manifestations de comportements discutables. Le plaisir de jouer et ainsi d'apprendre pour les jeunes est remplacé par l'anxiété de l'obligation de gagner ou de ne pas perdre. Des adultes hurlent des obscénités à des enfants, se chamaillent entre eux et valorisent publiquement l'abus verbal et physique.

Il y a aussi l'acquis culturel selon lequel le sport d'équipe confère aux jeunes un sens de la coopération, accentue leur socialisation et désamorce l'incivilité et la violence? Des études dénotent pourtant une culture répandue de la violence parmi les entraîneurs et les joueurs de nombreux sports. Si bien que la pratique des sports d'équipe, bien qu'elle puisse servir à des buts positifs au sein de l'équipe, peut dégénérer en une promotion de la violence stratégique pour l'atteinte de la victoire sur l'autre équipe. Ainsi... *la pratique sportive entraîne plutôt une augmentation du niveau d'agressivité des pratiquants et une diminution de la conscience morale.* [5]

Pourquoi valoriser la recherche s'il n'est pas donné suite à la connaissance acquise? Sommes-nous déterminés à nous cramponner à certains modèles culturels futiles? Tournons-nous quelque peu en rond en tant que société? Assumons-nous l'intégrité du monde à travers les valeurs et modèles privilégiés par nos cultures? Projetons-nous les lumières de Gabrielle? Allons-nous de l'avant?

Imaginons l'impact sur nos sociétés si les jeunes évoluaient sous l'influence des modèles culturels de la liberté, de l'égalité, de la solidarité, de la collaboration, de la coopération, de la contribution et de la synergie. Quel genre de société serait ainsi créé? Sans doute un genre bien différent que celui modelé par un certain dôme de la honte.

.....

5. Olivier Rascle, Dominique Bodin, *Le Sport est-il Source de Violence?* L'essentiel Cerveau et Psycho, Novembre 2011 -Janvier 2012, p. 55.

Un Dôme et son Tourbillon

De retour à la maison, je décide de profiter pleinement de cette belle journée. Je roule maintenant sur ma bicyclette. L'édifice du Capitole est en vue.

Des images et des mots s'entremêlent dans ma tête pour former une série de collages. Bons et méchants... Héros et antihéros... Chicago, Woodstock, San Francisco... Libération de la femme et de l'homme... Liberté, justice, solidarité... Amour et paix... Imagination... Un relent d'espoir mal tourné me dérange tout à coup. Le Capitole est tout près.

Un dôme abritant une scène étrange, figurant la cacophonie du bipartisme, de l'absence de compromis et de la polarisation. Une sorte de tour de Babel, un théâtre de l'absurde, du pouvoir mal compris, sans vue d'ensemble, un tourbillon de l'autodestruction. Pourquoi le Capitole s'affaisse-t-il comme un gâteau manqué?

Le contrat social de la nation était pourtant empreint d'humanisme. La fondation de la république s'inscrivait bien sûr dans le mouvement colonial des puissances européennes. La terre promise avait aussi été dégagée en coupant l'herbe sous le pied des autochtones et en reléguant les survivants dans des réserves parsemées sur un territoire désolé. Le tout catalysé par le travail de millions d'esclaves répartis au sud et au nord du pays.

La fondation de la république était toutefois marquée d'un humanisme certain pour plusieurs. Les miséreux d'Europe profitaient dorénavant du droit égal (égalité) pour tous et chacun (solidarité) à la libre (liberté) acquisition de propriétés.

Il fallait travailler très fort pour se donner les moyens d'acquérir et de garder des biens de toutes sortes. Lorsqu'on travaille à la sueur de son front six jours sur sept, on ne peut tout de même pas s'occuper des affaires publiques et assurer un bon gouvernement.

La souveraineté du peuple se retrouve conséquemment entre les mains de représentants via un système politique de la représentation. Entre les mains de nantis libres de s'occuper de la chose publique.

Un tel système représentatif crée une souveraineté déracinée, élastique et déboussolée. Le peuple est souverain. La gouvernance lui appartient et il gouverne les représentants. Les représentants ne peuvent donc pas prétendre gouverner leurs gouvernants ou le peuple. Ils le gouvernent pourtant dans la pratique. Les représentants monopolisent ainsi la souveraineté du peuple, mais sans vraiment ce faire. Ils prennent la responsabilité de la conduite des affaires de l'État, mais sans la prendre réellement puisqu'ils ne font que représenter le peuple. La souveraineté est éclatée et à la dérive.

De telle sorte que le bien commun, défini par des représentants plus ou moins souverains et responsables, devient une proie facile pour les manipulateurs et les profiteurs qui le définissent à leur avantage.

D'autant plus que les miséreux recherchent la satisfaction de leurs désirs jamais rassasiés, plutôt que celle de leurs besoins pour un confort raisonnable. Ils maintiennent donc un système représentatif même après la formation d'une classe moyenne. Le tout bien orchestré dans tous les salons de la société par les promoteurs du mariage de la consommation et du système représentatif, par les profiteurs du statu quo.

Je pédale à fond de train. Le Capitole s'ennuage peu à peu dans le rétroviseur de ma bicyclette.

Heureusement que je peux voter quotidiennement sur autant de sujets que je veux grâce à l'internet. Pourquoi pas une démocratie directe pour mon pays? Pourquoi cette polarisation bipartite, paralysante, suffocante et autodestructrice? Après tout, la démocratie n'est pas un régime en soi, mais un idéal et une idéologie dont l'expérience concrète est sujette à la créativité des nations et au passage du temps. Démocratie et démocratie représentative ne sont pas synonymes. La deuxième n'est qu'une expérience particulière de la première.

Autant demander aux profiteurs du statu quo de se faire harakiri... Dommage... Bien qu'un rassemblement éventuel du peuple par-delà les grands partis reste toujours une éventualité possible, si improbable soit-elle. Qui tiendra le flambeau du bien commun des États-Unis, d'une Renaissance étasunienne et qui suivra Gabrielle?

Je ne vais tout de même pas laisser une impression amère du Capitole gâter une si belle journée d'été. Des colombes d'un blanc étincelant voltigent dans le ciel. Elles semblent écrire un message sur le bleu du firmament, celui de regarder plus haut et profondément, de voir la lumière de l'infinité ou de la spiritualité du monde, le message de vivre pleinement.

Je roule, roule et roule sur ma bicyclette blanche et bleue pour finalement m'arrêter à un marché. Une fleur minuscule pointe le bout de son nez entre quelques brins d'herbe sur le comptoir d'un fleuriste. D'où viens-tu petite fleur? Comment es-tu arrivée ici? Elle se contente de me sourire au milieu de sa belle couronne jaune, jaunie par son évolution à travers le temps.

Un Temps de l'Avant

Le temps est divisible en heures, minutes et secondes auxquelles nous pouvons rendre compte au point de nous asservir. Toutefois, il conserve toujours sa fluidité grâce à l'infinité le traversant de part en part. Cet infinité donne au temps une direction, un ordre passé-présent-futur, un élan vers l'avant. Un tel temps de l'avant permet l'histoire universelle, la vie, l'évolution et la diversification de la nature.

Comment l'infini peut-il être derrière ce temps de l'avant, derrière cette irréversibilité, cette impossibilité d'un retour en arrière dans le temps? J'imagine alors une machine à voyager dans le temps et j'y monte. Avant de la mettre en branle, je dois choisir un instant présent et un instant passé afin de programmer ma machine pour voyager entre ces deux instants précis.

Voyons voir! L'instant passé choisi doit être défini. Je dois donc rendre compte de la nature précise d'un instant passé pour prétendre y parvenir. Ce qui signifie que je dois saisir ou comprendre entièrement la nature de cet instant ou évènement passé, soit l'état de l'univers à ce moment précis. Le problème est que personne ne peut avoir cette prétention.

La compréhension d'un évènement et de toutes ses relations possibles avec son environnement et la compréhension de toutes les relations possibles de cet ensemble avec son milieu et ainsi de suite, la compréhension du système universel à un instant précis s'avère un projet infini.

Un tel projet est impossible pratiquement parlant certes, mais aussi pour la simple et ultime raison que l'infini est une composante propre de la nature de tout évènement et que l'infini ne peut pas être encapsulé. Le très célèbre mathématicien Georg Cantor a établi des infinités mathématiques et des ordres de grandeur entre elles, mais en soulignant que l'infini en soi ne peut pas être capturé de par sa nature même.

La même problématique s'applique pour la connaissance de l'instant présent à partir duquel nous commencerions notre voyage vers l'instant passé ainsi que pour chacun des instants intermédiaires séparant l'évènement de départ et celui de l'arrivée. Notre voyage vers le passé s'avère d'autant plus impossible considérant que le nombre de ces instants intermédiaires tend vers l'infini.

Même si nous parvenions au-delà de l'impossible, notre arrivée à un passé précis dénaturerait sa nature ou son intégrité originelle, ce qui ne serait donc pas un retour vers ce passé.

L'infini enraye les pistons et les circuits de ma machine à voyager dans le temps. Cet esprit ou spiritualité du monde empêche l'enroulement du temps sur lui-même et ainsi l'écroulement de l'espace puisque l'un ne va pas sans l'autre. Inutile de tenter de démarrer ma machine à voyager dans le temps. Gabrielle me sourie sur l'écran de la console de commande.

Un coup d'oeil à ma montre m'indique qu'un temps infini a passé. Je vais rentrer. À bientôt petite fleur!

Une belle Histoire

J'approche de ma demeure. Un soleil rosé baigne mon voisinage et me rappelle de faire un appel. J'allume toute ma réserve de chandelles. La nuit sera belle.

Mon divan de velours rouge pomme m'attire comme un aimant. Ding! Dong! On sonne à ma porte. Je me lève hâtivement, dégringole un escalier semblant long d'une éternité, saisis un bouquet de fleurs prêt pour l'occasion et réponds à la porte. Tel qu'espéré...

– Gabrielle!

– Bonsoir! Des fleurs... Mes préférées... Merci beaucoup!

Nous remontons au salon pendant que Gabrielle plonge son visage angélique dans son bouquet de roses. Ses yeux bleu-vert sont alors attirés par mon manuscrit sur une table basse. Gabrielle, sa robe soleil de couleur noire contrastant à merveille avec sa peau porcelaine, s'en approche.

Elle regarde la couverture de mon manuscrit, l'ouvre, parcoure le sommaire, le referme, se tourne vers moi et me gratifie d'un sourire complice...

www.ingramcontent.com/pod-product-compliance
Lightning Source LLC
Chambersburg PA
CBHW071849020426
42331CB00007B/1933